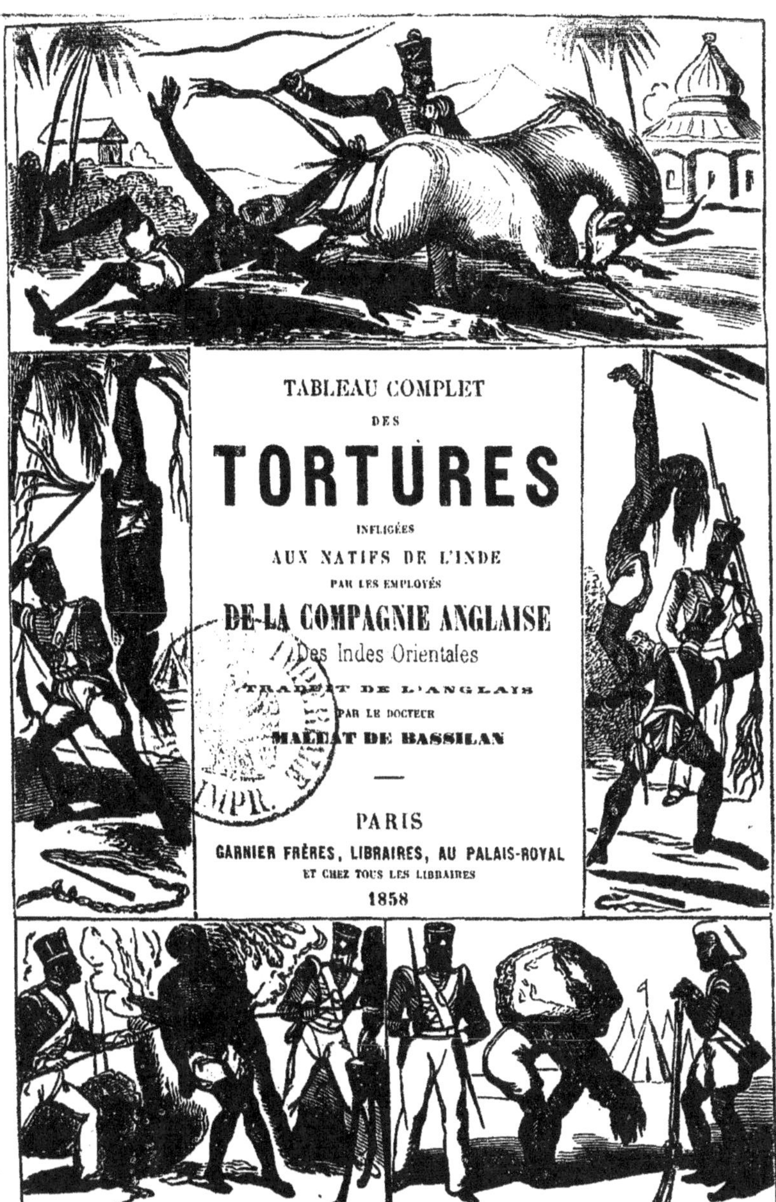

**Prix : 50 centimes, avec une Carte de l'Inde.

PRÉFACE.

J'ai résisté jusqu'à ce jour aux obsessions qui m'ont été faites par de nombreuses personnes désirant connaître mon opinion sur la grande et importante question de l'Inde et de la Chine. Il s'agissait de hâter la publication d'une œuvre non encore achevée et que je viens de remettre à un digne collaborateur.

Aujourd'hui, en attendant l'ouvrage sous presse, je traduis et je signe cet opuscule plein d'actualité, parce qu'il a été fait sur les lieux par des Anglais dignes de confiance. Ayant habité les mers de l'Inde et de la Chine, comme médecin et comme chargé d'une mission importante par le gouvernement français (1), je crois pouvoir me porter ga-

____

(1) Revenu une première fois des mers de Chine, abandonnant exprès une grande clientèle, ma position de médecin en chef de l'hôpital Saint-Jean-de-Dieu, à Manille (îles Philippines), et déjà décoré, pour proposer l'occupation de l'île Bassilan, je fus reçu en audience spéciale par Louis-Philippe, qui comprit parfaitement la question; mon projet ayant été pris en considération par le gouvernement (dépêche du ministère de la marine, 27 octobre 1843), le personnel de la légation de Chine fut considérablement augmenté, à ma demande, pour cacher ce grand fait de l'occupation. Je m'embarquai sur le vapeur l'*Archimède*.

Mon but était, vivant sous ces latitudes éloignées, mes regards tournés vers la patrie, mon seul but était de voir planter le pavillon de la France dans l'excellent port de l'île Bassilan, vrai paradis terrestre, et de faire prévaloir dans ces mers, où nous n'avons pas un abri, notre prépondérance et notre commerce. Je nourrissais la pensée de convier les puissances de l'Europe continentale à s'y faire représenter en y envoyant des hommes capa-

rant de la véracité des faits, d'après une appréciation impartiale de son contenu, que je déclare authentique. J'engage tous les cœurs généreux à le lire, tous ceux qui sont doués de religion, de sentimens humains pour des êtres qui souffrent, depuis un siècle de tortures, un injuste martyre.

J'appelle donc les personnes qui ne peuvent être *initiécs*, comme je le suis, aux secrets des grandes affaires de l'Inde qui, depuis vingt ans et jusqu'à ce jour, ont été l'objet d'études incessantes, que j'ai voulu, toujours voulu, tourner au profit de mon pays, à lire cette feuille. J'invite à la méditer la grande famille de l'humanité qui, sur cette question, n'a été nourrie que d'ouvrages écrits par ou d'après les acteurs (Anglais eux - mêmes) des drames *frémissans* que l'on y retrace, ou encore des traductions des journaux de l'Inde et de la Chine et d'autre part, appartenant à la Compagnie des Indes, ou *plus ou moins rétribués* par elle. Ces communications, que l'on imprime dans les journaux de l'Europe continentale, sont jetées en pâture à

---

bles, intègres, animés de sentimens patriotiques. C'est de cet observatoire politique qu'ils auraient dû assister à la marche des grandes questions de l'Inde et de la Chine que, d'après mes études politiques, après mes communications par écrit, j'annonçais officieusement à cette époque, pour préparer à un congrès, à Bassilan, des hauts représentans des puissances de l'Europe. En attendant, les consuls généraux de l'Europe dans cette île se seraient édifiés sur la question de l'Inde et de la Chine. Ce congrès dans ces mers lointaines, dont l'urgence est désormais démontrée, je le demandais respectueusement. Cette question du monopole intolérable de l'Inde et de l'avenir de la mer de Chine, dont l'Europe insulaire (l'Angleterre) voudrait faire un lac anglais (il est temps encore qu'on la traite); cette question que je méditais depuis quinze ans, eût donc enfin été résolue. Je voulais que chaque puissance du continent européen, ce que je demandai alors et que je réclame hautement aujourd'hui, plantât son pavillon sur un point militaire de l'archipel indien (dans les mers de la Chine et de l'Inde). Demain les Anglais auront tout occupé. Aujourd'hui j'élève mes vœux pour que le prochain congrès de Paris s'occupe efficacement de toutes les questions ici indiquées, plus urgentes même que celles du continent qu'elles font si souvent naître. Seront-ils entendus?

la presse dévorante du matin et du soir, mises habilement en concurrence dans toutes les capitales et envoyées à ceux qui exercent le métier d'historiographes, ou ont à remplir *au mètre* des colonnes trop souvent fermées à des inspirations *patriotiques*, et toujours ouvertes à une fausse besogne qu'ils acceptent, disons-le, avec confiance.

On conçoit qu'à travers ce chaos d'événemens entassés, faits pour ainsi dire à la mécanique, et à Londres ou dans l'Inde et la Chine, événemens qui se pressent comme sous la baguette magique des intéressés, on ait à peine le temps de traduire une langue qui ne se comprend pas toujours elle-même et qu'il est bien plus difficile de commenter sainement. On a donc recours à l'entreprise, et tous les journaux du monde, puisant à la même source, peuvent être mal renseignés à la fois; c'est ce qui se passe maintenant. Cette habile combinaison, qui nous viendrait d'outre-Manche, s'élèverait alors à la hauteur de la plus habile diplomatie.

On s'habitue donc à croire ce que disent les ouvrages et les journaux écrits par la Compagnie des Indes, et, une fois sur cette pente rapide, à répéter le récit d'événemens que l'on ignore et dont on ne comprend pas bien les conséquences; voulant marcher avec les dépêches qui dévorent et l'espace et le temps, on se presse, on se hâte, on s'en fait l'écho servile et dangereux, quand on pourrait rester libre de ses appréciations et mieux inspiré par le seul fait des rapprochemens eux-mêmes. On devient l'esclave d'un répétiteur intéressé, habile, obséquieux : on se hâte de donner cours à de prétendues dépêches, le plus souvent pour le plaisir de se poser en avance de confrères dont on devrait être plutôt l'ami que le rival. Les pages de la publicité sont donc ouvertes à l'envi à des appréciations dont le pays murmure en silence en se rappelant le passé. J'ai voulu dire que tout ce que nous savions jusqu'à présent en Europe, gouvernans et gouvernés, n'est qu'un tissu contradictoire de faits plus ou moins loin de la vérité, dont on ne peut tirer que des inductions erronées.

Quant à moi, ici je suis resté traducteur fidèle d'un rapport officiel fait sur les lieux par une commission, *ad hoc*, d'hommes capables et honorables, car la seule honorabilité que je reconnaisse, c'est la bonne foi (1) !

C'est donc par la voie seule d'une commission officiellement choisie, composée de personnes dont on ne peut nier l'esprit national qui caractérise nos voisins de l'Europe insulaire, que l'on doit arriver à être édifié sur une matière aussi importante au point de vue du repos de l'Europe continentale qu'elle l'est à celui de l'humanité. C'est le travail consciencieux de ces personnages envoyés récemment sur les lieux, et que je remercie au nom de la religion, au nom des malheureux martyrs de l'Inde, dont la gravure, reproduite plus haut, est un livre pour tout le monde; c'est cette enquête qui fit frémir d'horreur les bourreaux indiens dirigés par les Anglais, cette enquête palpitante de chair et de sang humain qu'on éparpille encore en ce moment, que je livre à la publicité.

A la manière des cannibales de la Nouvelle-Calédonie (2), comme le pratiquent encore aujourd'hui sur cette terre des martyrs de l'Inde ceux que l'on a surnommés les *étripeurs* (3), plus coupables mille fois que les Dawits et les Thugs, qu'on aurait pu détruire, et qui sont là, comme les tigres, pour l'effroi du voyageur indiscret, les Anglais ont laissé

---

(1) Cet opuscule, que j'ai aussi traduit en espagnol, se vend également chez Garnier frères, à Paris.

(2) La France a pris possession de cette île inhospitalière, située presque à notre antipode. Chacun des condamnés qui y seront désormais transportés, si cette mesure s'exécute, ne coûtera pas moins de 1,500 fr. par individu, et sa nourriture, qu'on devra faire venir à grands frais, 3 fr. par jour. Un de ces malfaiteurs, évadé, devenu chef de ces sauvages, race vigoureuse, pourrait un jour renouveler les massacres de Madagascar.

(3) Chaque exécution à la bouche d'un canon fait voler en lambeaux le corps et les viscères de ces malheureux.

bien loin, bien loin derrière eux l'inquisition et les
excès commis par les découvreurs de l'Amérique.
C'est ce rapport des *honorables* H. Stokes, E.-J.
Elliot, J. Norton, auquel j'attache mon nom et que
je recommande aux honnêtes gens de tous les pays;
ce rapport seul des Anglais, qui devrait suffire pour
détruire jusque dans ses fondemens la *Compagnie des Indes Orientales et de la Chine*, ennemie
incessante du repos et du bonheur du monde. Ne
devait-elle pas porter des fruits bien amers, cette
œuvre de sang des Verrès de l'Inde, des *Clive* et
des *Waren Hastings*, d'odieuse mémoire, ces spoliateurs de notre magnanime Dupleix, pour qui je
réclame de nouveau une statue? On se le rappelle,
ces *désorganisateurs* de l'Inde anglaise ont été
stigmatisés et sentenciés, en 1782, devant le parlement, par les foudres éloquentes des Burke, des
Fox, des Shéridan, leurs accusateurs. C'est là que
l'un d'eux prononça ce verdict qu'on devrait encore
invoquer aujourd'hui contre tous ces grands coupables :

« Je veux attacher le péculat au péculateur, la
corruption au corrupteur, et l'oppression à l'oppresseur. »

Cette information judiciaire, récemment faite,
et qui devrait suffire pour la condamnation de ces
bourreaux de l'Inde, Dieu permettra-t-il qu'elle retourne contre vous les foudres de Sodome et de
Gomorrhe, que vous appeliez publiquement contre
la bicoque de Delhi (1) prise avec vos faibles ressources (2) ? Ajoutons que des Européens, et de ce
nombre sont des Français, dit-on, que leurs affaires

---

(1) Je soutiens que Delhi n'est point fortifiée. C'est faute
de temps que nous avons laissé subsister le plan de cette
ville qu'on représente comme une place forte dans notre
carte.

(2) Marseille, 12 novembre 1857 : Le roi et la reine de
Delhi s'étaient rerdus aux Anglais en stipulant qu'on leur
laisserait la vie. Trois des fils du roi ont été pris et fusillés immédiatement. (Dernières dépêches de l'Inde.)

y avaient conduits, y ont été massacrés. Quoi qu'il arrive, nous espérons que le gouvernement veillera sur ses nationaux, répandus dans l'Inde comme aussi sur Chandernagor, notre délicieuse ville pour laquelle nous avons eu le bonheur de montrer nos brûlantes sympathies dans la récente question d'échange que nous avons, disons-le, victorieusement, combattue. L'administration locale, toujours digne de la mère patrie, a su faire son devoir en abritant sous sa protection ceux des pauvres Indiens poursuivis par les Anglais et qui se sont réfugiés dans les murs construits par l'immortel Dupleix. Mais dans l'Inde les agens de la cour de *Lheadenhall street* ont donné ordre de tout *tuer*, les Indiens fidèles et désarmés eux-mêmes, sous prétexte de représailles honteuses qu'ils revendiquent impérativement à notre gouvernement sur l'Ougly. La cour des directeurs de la Compagnie des Indes, ce gouvernement d'Écossais dans le gouvernement anglais, *veut-elle faire une question pendante*, au mépris du droit des gens, de la protection donnée par la France à ces malheureux? Ainsi procède la justice de nos alliés. Chatam a dit : « L'Angleterre serait perdue si, *un jour*, elle était » juste envers la France. »

Ici, par des raisons de haute philanthropie universelle, j'unis mes vœux à ceux des pétitionnaires anglais de Calcutta et du royaume-uni de la Grande-Bretagne, pour que cette compagnie de quelques milliers de privilégiés si nuisible à tous et même aux intérêts généraux du commerce de nos voisins d'outre-Manche, cesse d'exister. Ce souhait, sans rancune, qui sera entendu, nous l'espérons, est le plus puissant des motifs qui ait pu me décider à inscrire mon nom trop peu connu encore sur cette page (1).

---

(1) *Les Philippines*, 2 vol. et atlas, par Mallat. Chez Arthus Bertrand, à Paris.

Enfin, pour démontrer qu'il est temps et qu'il importe au salut de l'Europe continentale tout entière de faire cesser ces actes barbares et sanguinaires de la Compagnie des Indes , j'invoquerai un fait aussi décisif qu'alarmant.

Je disais, dans les conclusions de mon ouvrage inédit sur le CHOLÉRA-MORBUS ASIATIQUE :

« C'est donc dans les *sunder-bunds* (1) et dans
» les boues du Gange que se sont formés les mias-
» mes du choléra-morbus. La présence des nom-
» breux cadavres que les Hindous jettent par reli-
» gion dans les affluens de ce fleuve, et qui s'arrê--
» tent dans les vases et dans ces *sunder-bunds*,
» la décomposition des matières animales mêlées
» aux effluves des végétaux, paraissent, à n'en pas
» douter, en être la seule cause. »

J'affirme en conséquence—et attendu que les cadavres sont pour la plupart jetés dans le Gange, que les massacres et l'extermination en masse, renouvelés des premiers temps de la conquête de ces beaux pays de l'Inde sur la France (2), doivent amener une mortalité incommensurable, par le fer et la faim, la privation de sel dont la Compagnie a le monopole,—que l'Inde, dont la sépulture sera le Gange, va être bientôt envahie par le choléra, et qu'avant peu, si les puissans de la terre n'opposent une répression collective à ces hécatombes des peuples, ce fléau , qui est la mort la plus redoutable, le hideux choléra-morbus de l'Inde, couvrira de nouveau l'Europe de deuil.

Puisse ce fâcheux pronostic, devoir d'un médecin, l'homme de l'humanité, comme tous ses collègues,

---

(1) Cette expression provient de *saunder-ban* en Bengali (forêts épaisses). C'est le nom donné aux deltas du Gange, formant une étendue de 200 milles environ.

(2) Voir l'excellent ouvrage qui vient d'être publié, que je suis heureux de vivement recommander : *L'Inde, l'Angleterre et la France*, par Frédéric Billot, chez Dentu, à Paris.

appeler l'attention sérieuse des gouvernemens et
des peuples, comme j'appelle à l'instant, sur cette
question brûlante et sanglante à la fois, la décision
souveraine des nobles membres *compétens* du prochain congrès de Paris !

Docteur **MALLAT DE BASSILAN.**

TABLEAU COMPLET

DE TOUTES LES HORRIBLES

TORTURES

INFLIGÉES AUX NATIFS DE L'INDE

PAR LES EMPLOYÉS

DE

LA COMPAGNIE ANGLAISE DES INDES ORIENTALES.

La publication de cet exposé n'est inspirée que par le désir d'améliorer l'oppression sous laquelle gémissent, depuis bien des années, nos pauvres camarades, nos sujets de l'Inde (*Poor native fellow subjects*).

Les barbaries raffinées du système commercial de l'Angleterre, qui, en vue d'un sordide intérêt, commence par absorber la plus grande partie des sueurs, des fatigues, des os et des nerfs de l'ouvrier, qui finit par l'enfermer, ce qui est pire que la prison, entre les murailles serrées d'un atelier, est une chose assez pénible ; mais les horreurs endurées par la classe laborieuse de nos territoires de l'Inde, pour procurer des fortunes princières aux nababs qui composent la Compagnie anglaise des Indes Orientales, sont des faits trop atroces pour être tolérés plus longtemps par l'opinion publique éclairée de ce pays chrétien, alors qu'elle est bien informée de ces actes.

C'est pour éveiller le sentiment public et apporter avec son concours, et le plus vite possible, un changement dans la misérable condition du peuple indien que nous ferons connaître un nombre de faits mettant à jour les tortures qui sont infligées aux natifs, faits qui résultent d'une

RÉPONSE A UNE ENQUÊTE DE LA CHAMBRE DES LORDS

Datée du 31 juillet 1855.

Cette réponse comprend le « Rapport de E. J. Elliot, H. Stokes, et John Bruce Norton, hommes distingués qui furent nommés commissaires de la reine pour se rendre dans l'Inde et y «faire des recherches exactes et un rapport sur les cas de torture, » en conséquence des plaintes faites dans les deux chambres du Parlement et du refus de s'expliquer de ses membres qui ont des relations d'intérêt avec la Compagnie des Indes Orientales.

Ce. rapport provient du bureau des commissaires de *Polytechnic Mount-Road* ; il est daté du 16 avril 1855.

Notre autorité ainsi établie, le lecteur peut avoir une confiance entière dans la vérité du récit horrible que nous allons placer sous ses yeux.

Il paraît que les tortures étaient et, nous le craignons, sont encore infligées aux natifs par les receveurs du revenu et par des officiers de police (1), les premiers, pour obtenir la somme entière de l'impôt qu'ils sont chargés de percevoir de chaque individu, et souvent pour s'enrichir eux-mêmes par des exactions illicites; les seconds, pour extorquer des aveux de culpabilité contre des personnes que l'on charge de crimes sans chercher à s'assurer de leur innocence. Cet exercice arbitraire du pouvoir est généralement soustrait à la connaissance du chef supérieur européen et de ses subordonnés.

Ces observations préliminaires étaient nécessaires pour initer le lecteur à la connaissance exacte du sujet ; cela fait, nous commencerons par emprunter nos extraits au « premier chapitre du Rapport de MM. les commissaires. » (P. 5.)

Quand on veut arriver à découvrir par l'aveu un cas criminel, il faut suivre invariablement la pratique admise, avec les inconvéniens qu'elle porte en soi, nonseulement quoiqu'elle soit un mal existant actuellement, mais parce qu'elle est ordonnée par le gouvernement. Il serait superflu d'insister sur ce fait, car déjà l'on comprend que ce rapport est publié pour donner satisfaction à l'autorité, sans y comprendre le gouvernement local de Madras. C'est cette connaissance à acquérir qui nous détermine à nous en référer aux déclarations des autorités comme à l'emploi des tortures dans les cas criminels. La cour des Directeurs écrit dans sa dépêche judiciaire du 11 avril 1826 :

« On verra dans chacun des rapports du juge départemental et de la Fondjaree Udawlut (cour criminelle de l'Inde) combien il est nécessaire et urgent de fournir quelque protection efficace au peuple contré les officiers publics. » Nous avons extrait les détails suivans de l'un des premiers :

---

(1) On appelle *officiers* tout employé civil ou militaire au service de la Compagnie des Indes Orientales.

« La plupart des acquittemens portaient sur des personnes contre lesquelles il n'y avait rien à dire , d'autres contre des hommes envers lesquels il n'y avait pas de preuves évidentes, ou rien autre chose que leurs dépositions alléguées devant les officiers de police, et enfin celles qui ne donnaient pas de preuves selon la loi et qui, je regrette de le dire, obtenaient leur acquittement par les moyens les plus injustifiables Un prisonnier porte encore sur sa personne les marques de grandes violences qu'il a reçues du Peeschar ou Kulbah ; un autre était mort pendant son emprisonnement, et l'on a raison de supposer qu'ils avaient été soumis à un traitement semblable. Tous deux avaient été emprisonnés au moins trois mois avant d'être conduits au juge criminel. »

Parmi deux prisonniers dans deux cas de vol avec violence sur grands chemins, l'un était mort et l'autre fut acquitté à cause de la déclaration qui lui avait été extorquée par violence et à défaut de toute preuve subsidiaire, quoique à l'appui des allégations contenues dans ce document :

« Dans trois des cas de vol comprenant dix prisonniers, la seule preuve évidente pour la justice fut aussi leurs déclarations rapportées devant l'officier de police, mais qui avaient été si irrégulièrement prises, qu'elles devaient être considérées comme n'ayant pas la moindre importance et le plus petit poids contre les prisonniers qui furent conformément relâchés.

» On a toujours infructueusement dirigé les efforts de la cour du Fondjaree Udawlut pour faire exécuter les dispositions contenues dans la section 27, réglement II, 1816, qui ordonnent que les prisonniers soient envoyés par les chefs de police du district au juge criminel dans les 48 heures, si c'est possible.

» Dans un autre rapport de tournée, le juge, après avoir fait remarquer, au sujet de la police qui avait tué un homme en essayant de lui extorquer une confession de vol, dit : « Aux dernières sessions, dans les cas de dépositions qu'on alléguait avoir été faites devant les officiers de police, il y en avait à peine une où les prisonniers ne déclaraient pas qu'ils avaient été battus et forcés de faire des aveux ; et dans plusieurs cas on avait trop de raison de croire que la contrainte avait été au moment même employée dans le but dont il s'agit. » (P. 6.)

« Il est aussi établi par le Fondjaree Udawlut que la fraude par de fausses dates d'arrestation et d'interrogatoires dans les cours criminelles, par les chefs natifs de police, est devenue une pratique générale, et

que l'attention des magistrats a en vain été dirigée sur
ce point par des ordres circulaires qui ont été aussi
donnés pour les cas particuliers où il serait nécessaire d'employer tous les moyens en leur pouvoir pour
supprimer cet abus. Dans une autre occasion, le Fondjaree Udawlut appela l'attention sur l'indulgence des
magistrats envers les officiers de police indiens, dans
les cas de mauvaise conduite, même après de nombreuses récidives, et il ajoute : Ces effets sont partout visibles! Dans le rapport de tournée dont il a
été parlé, on fait connaître les abus commis par les
officiers de police natifs, et quelques-unes des atrocités
sont présentées comme il suit : « Le cas de mauvais et
rigoureux traitement (n° 10) fut cruellement appliqué
aux prisonniers. Deux hommes riches jouissaient d'une
grande considération; l'un d'eux était le potail (chef de
village; mot sanscrit) de cette partie du pays; ils furent
tous deux condamnés à deux ans de prison, à des tra-
vaux forcés et à payer une amende de 200 roupies
(1 roupie, pièce d'argent, vaut 2 fr. 50 c.), sous peine
de deux autres années.

Voici le fait : «Le plaignant Dassoo était à la foire de
Sooral Davastan lorsqu'il fut arrêté par les ordres du
tahsildar (percepteur; mot persan), soupçonné de complicité dans quatre vols récemment commis au Baikoo
talook (manoir de Baikoo; mot arabe); mais comme il
protestait de son innocence, il fut renvoyé devant le
chef du village, avec ordre de se charger de lui et de
lui arracher des aveux. Dassoo fut donc conduit chez le
chef du village (potail), où il fut détenu huit jours, durant lesquels on eut recours à toutes espèces de supplices employés chez les natifs de Canara; mais Dassoo
persista à soutenir son innocence et fut enfin remis
au tahsildar, qui, après l'avoir détenu pendant vingt
jours, le renvoya au juge criminel. L'extrait suivant du
chirurgien du zillah (du district; mot arabe) donnera
une idée exacte de la situation de ce malheureux homme à son arrivée à cet endroit et des sévices irrépara-
bles que son corps avait endurés. Il raconte que Dassoo
fut admis à l'hôpital le 16 mai 1821, avec deux ulcères profonds, de mauvais caractère, aux poignets
et aux mains, et une grande quantité de plus petits,
s'étendant des poignets jusqu'auprès des épaules, dans
la direction de la colonne vertébrale; aussi avait-il
beaucoup de fièvre produite par les souffrances aiguës
que déterminaient ces ulcères, et il se plaignait de douleurs dans les extrémités inférieures causées par les
meurtrissures qu'on lui avait faites.

Comme on lui demandait par quoi les ulcères avaient

été provoqués, il répondit que ses poignets avaient été
placés entre deux pièces de bois que l'on serrait plusieurs fois ensemble à grande force, et qu'une corde
raboteuse, chargée de piment pilé en poudre, de mou-
tarde, et humectée par une solution de sel, étant très
fortement attachée autour de ses bras, y fut maintenue
jusqu'à ce que ces membres se fussent enflés au qua-
druple de leur grosseur naturelle ; ce fut lorsqu'on re-
tira les cordes que les ulcères s'ouvrirent comme ils
sont maintenant. Il reçut mes soins depuis la date in-
diquée, tout le mois de juin et tout le mois de juillet.
Durant ce temps, il souffrit les douleurs les plus horribles, et je craignis quelque temps que l'amputation du
bras droit ne devînt nécessaire à cause de la profondeur
du mal et de la grande prostration des forces qui se
manifesta. Il échappa cependant heureusement à l'opération et fut renvoyé de l'hôpital, estropié, sans espoir
de recouvrer l'usage complet de ses mains. » (P. 7.)

Dans la lettre judiciaire de la cour des Directeurs,
du 11 avril 1826, mentionnée ci-dessus, nous trouvons
le récit suivant de tortures employées pour extorquer
le revenu du gouvernement (p. 9) :

« Les états des magistrats et des assistans magistrats
contenant les noms des personnes punies et acquittées
par eux, montrent la prédominance de cette habitude,
au point qu'elle nécessitait l'intervention de la cour
départementale (*court of circuit*). On rencontre rare-
ment un cas où les patiens qui ont eu le courage ou qui
se trouvaient en position de se plaindre contre leurs
oppresseurs ont obtenu le redressement de leurs griefs,
et il est rare que les employés n'aient pas été replacés
dans l'emploi dont ils avaient tant abusé. Par là on les
encourageait à renouveler leurs excès , attendu la
facilité qu'ils trouvaient à échapper à la justice.
Les accusations émises dans ces plaintes sont que
l'on saisit chez eux les indigènes, et qu'on les conduit
attachés au Parbutty et au Sheristadar (mot persan), ou
autres employés du revenu, tantôt à leur maison, tantôt
au Cutcherry (salle de ville ; mot persan), et que là on
les enferme dans des troncs d'arbres sans leur donner de nourriture, leur nouant le cou et les pieds par
des cordes de chanvre, de filamens de coco ou de
vigne d'Adoomba , et dans cette position ils leur
mettent des pierres sur le dos, les fouettent, leur donnent des coups de pied et de poing, les traînent dans
l'eau ou dans la boue, les exposent à la chaleur et à
l'inclémence du temps, les forcent à se tenir sur une
jambe, et placent dans cette position sur leurs têtes un
grand bloc de bois ; enfonçant aussi leurs maisons,

dont on emporte et vend les biens, ou en faisant des esclaves sans même en donner la moindre connaissance
au public, et sans l'autorisation d'aucun tribunal du
pays. »

Dans le « second chapitre du rapport » (p. 11), on
trouve : « Mais nous ne croyons pas nécessaire de re-
venir sur les premiers temps pour un exemple, la lettre de M. Minchin, le sous-receveur actuel de Nellore,
est, elle-même, une preuve que les violences contre
les personnes peuvent être la règle et non l'exception,
dans un district, sans que l'autorité européenne soup-
çonne leur existence. »

« En vérité, à moins que, comme dans le cas du capitaine Nelson, où les parties arrivèrent par surprise, il
est certainement peu probable qu'ils les aient pris
dans l'acte. »

Ceci nous conduit au troisième chef (p. 13) sous lequel nous avons le témoignage du capitaine Nelson,
2ᵉ bataillon de vétérans indigènes, résidant à Ongole,
dans le district de Nellore. Il déclare : « En arrivant à la
Choultry (salle du tribunal ; mot sanscrit), je rencon-
trai quarante ou cinquante personnes dans la rue, devant le bâtiment ; l'un d'eux venait, à l'instant, d'être
renvoyé du procès, où il est question du supplice du
cou attaché à la jambe.

» Je ne pris pas de renseignemens sur ce point, consi-
dérant que probablement le court examen que je fis à
mon quartier avait été ébruité et qu'un homme montrait
à un autre comment la peine était appliquée. Ne voyant
pas de pierre dans le tribunal, je demandai en plai-
santant au Gooroo-Saïb (chef des guides spirituels ; mots
sanscrit et arabe) qui m'avait accompagné à ma demande, où était la pierre dont on se servait pour le
supplice. « La voici, monsieur, » dit-il ; et les quatre
» hommes ont été punis ; ils ont été détachés seulement
» lorsque vous montâtes à cheval.

» Les Kurnoms, qui comprennent un peu d'hindostan,
se levèrent ; ils allèrent écrire dans un coin de la ter-
rasse, et, à mon grand étonnement, je reconnus le fait
et déclarai, en présence de la foule assemblée, que la
punition infligée l'était par ordre du circars (superin-
tendant ; mot persan), et qu'ils avaient écrit les ordres
de ce qu'ils avaient fait.

» Je dis tout simplement qu'un ordre semblable ne
pouvait pas émaner du gouvernement, et je montai à
cheval pour retourner chez moi plus vite que je n'en
étais venu, en recommandant cependant d'apporter la
pierre à mon quartier ; le gourou-saïb l'apporta ici sur
sa tête. »

Le révérend E. F. Muzzy, missionnaire à Madura, a vu un cas sur lequel il a fait un rapport au receveur et juge (collector). Il a aussi vu un instrument de supplice entre les mains d'un homme de la police (péon). Voici ce qu'il dit à cette occasion :

« J'ai vu à trois fois différentes, entre les mains d'un Mettoo péon (chef d'un village), un instrument de torture que l'on savait avoir été employé pour forcer les ryots (fermiers ; mot arabe) à payer leurs taxes. Cet instrument était composé de quatre ou cinq courroies de trois ou quatre pieds de long, dont on se servait comme d'un fouet. »

Le révérend H. A. Kaundinya, missionnaire à Mangalore, raconte, d'après ce qu'il a su personnellement (p. 14) : « Je vivais autrefois dans le voisinage d'un commissaire de police, et je voyais journellement batre, fouetter et maltraiter les prisonniers. Je tiens aussi pour certain que, pour obliger les femmes à avouer, on employait quelquefois une dégoûtante application de poivre rouge. »

M. A.-M. Simpson, négociant à Tripassour, dépose comme il suit : « Je mentionnerai un fait que j'ai pu observer moi-même. Il se passa dans la basse-cour, dépendante de la cutcherry (maison de ville du collecteur d'impôts de Bardwail, dans le district de Cuddapah), en présence du Tahsildar et des Curnums (arithméticiens du village; mot sanscrit). J'y vis une douzaine de fermiers environ qui étaient encore redevables de la taxe et qui subissaient leur jugement. Ils étaient tous rangés dans la basse-cour par un soleil brûlant et à l'époque la plus suffocant de l'année. C'était, il m'en souvient positivement, au mois de mai. Ils portaient tous sur la tête ou sur le dos de lourdes pierres.

Leurs corps étaient pliés en deux, et plusieurs, dans cette position, étaient debout sur une jambe, l'autre étant élevée au-dessus de la terre à l'aide d'une corde attachée autour du cou et du gros orteil. J'étais dans la cutchery depuis deux heures, et pendant ce temps aucun d'eux ne fut relevé de cette pénible position. »

Dans le quatrième chapitre (p. 16) : « Nos commissaires présentent comme argument énergique sur lequel ils fondent la véracité des plaintes que « en conséquence de certains renseignemens qui se sont répandus presque en même temps dans toute l'Inde, sans avertissement ou renseignement préable, 1,500 plaintes furent présentées en trois mois par les personnes intéressées, dont la plus grande partie, pauvres et ignorantes, n'avaient pu agir de concert; dénuées de toute influence, habitant à de grandes distances, entièrement inconnues les unes des autres, et parlant même des dialectes différens. »

Ainsi ces plaintes, l'une comme toutes, allèguent des faits semblables, donnent des détails sur des tortures pareilles, assignent des causes analogues à ces affreux traitemens. Si c'est le résultat d'un plan combiné, c'est la conspiration la plus extraordinaire qu'on ait vue dans le monde. Mais, à n'en pas douter, la situation qui précède conduit à la possibilité d'une autre conclusion : c'est que les actes de violence dont on fait des plaintes sont de pratique habituelle.

La limite de ces pages ne permet que de citer les faits les plus importans choisis parmi la masse des atrocités contenues dans le rapport des commissaires.

Page 32, ils expriment la conviction dont ils furent imbus à mesure de leur enquête, « que les mauvais traitemens sont peut-être aussi communément appliqués par les employés natifs, pour obtenir leurs exigences illicites, que pour obtenir la rentrée du reste des revenus.

» Pas un des cas qui nous ont été soumis qui n'ait démontré l'habitude de l'oppression appliquée pour satisfaire les passions privées, ou l'avarice, ou la vengeance.

» Les moyens de corruption sont partout employés, et quand on ne peut être payé par des voies honnêtes, on a recours à l'infamie. Ils mettent en jeu tous ces instrumens parfaits et silencieux de supplice, dont ils combinent la force d'après les besoins des revenus et de la police ; ils emploient les plus ingénieux des artifices que l'esprit inventif des Indiens puisse créer. »

La description des violences (p. 33) passées en coutume pour faire rentrer l'impôt et pour des extorsions particulières dont il a été parlé dans le courant de cette enquête, est ainsi rapportée : « Exposition d'un homme au soleil ; privation de manger ou de satisfaire tout autre besoin naturel ; emprisonnement ; empêchement des bêtes à cornes d'aller aux champs en les renfermant dans les étables ; mise aux arrêts d'un agent de police chargé de recouvrer l'impôt qu'il aurait dû verser journellement ; usage du *kitti anundal ;* compression des doigts croisés, avec les mains ; meurtrissures par le pincement des cuisses ; claques ; coups avec le poing ou le fouet ; puis encore on les traînait par les pieds, puis par la tête ; tordant les oreilles ; faisant asseoir un homme *sur la plante des pieds* avec des morceaux de brique derrière ses genoux fléchis ; mettant un homme de basse caste sur le dos du patient ; frappant ceux qui manquent à leurs obligations la tête l'une contre l'autre, ou les attachant ensemble par leurs cheveux de derrière ; les mettant dans un tronc d'arbre ; les attachant par les cheveux à la crinière d'un baudet ou à la queue d'un buffle ; mettant un collier d'os, ou d'autre matière dégradante ou répugnante autour du cou, etc. »

Voici l'ANNUDAL : « On attache un homme en arrière dans une position penchée, au moyen de son propre vêtement ou par une corde en cuir ou en paille passé sur son cou et sous ses orteils; ce supplice est généralement infligé aujourd'hui ce que tout le monde sait. Nous ne voyons point de raison pour douter que le *kitti* ne soit pas d'un usage aussi fréquent. C'est une machine très simple, consistant seulement en deux bâtons attachés ensemble à un bout, entre lesquels les doigts sont placés comme dans un étau ; mais dans notre jugement il importe peu que ce supplice soit ordinairement en usage ou non, car une somme égale de peines corporelles peut être produite par celle qui remplace le kitti, s'il n'est plus en vogue ; l'acte de forcer un homme à entrelacer ses doigts dont les extrémités sont serrés par les mains d'un agent de police qui quelquefois emploie du sable pour obtenir une étreinte plus forte, ou en obligeant un homme à placer sa main à plat sur la terre pour la presser de haut en bas, et des deux faces, pendant qu'un bâton est posé horizontalement en arrière de la tête du patient. »

Parmi les principales tortures usitées dans les cas de police, nous trouvons les suivantes : « Serrer fortement une corde autour du bras ou de la jambe de haut en bas, pour empêcher la circulation du sang ; soulever par la moustache ; suspendre par les bras pendant qu'ils sont attachés derrière le dos ; brûler avec le fer chaud ; placer des insectes qui grattent ou bien le maillet d'un charpentier sur le nombril, le scrotum et autres parties sensibles ; plonger dans les puits et les rivières jusqu'à asphyxie incomplète ; serrer les parties ; battre avec le bâton ; empêcher de dormir ; tenailler les chairs avec des pinces ; introduire du poivre ou du piment rouge dans les parties privées de l'homme et de la femme, et l'on poursuit ces cruautés jusqu'à ce que mort s'ensuive.

» Il peut paraître extraordinaire que les malheureux soumis à de semblables exécutions ne portent pas plus fréquemment sur leurs personnes les marques de si mauvais traitemens lorsqu'ils comparaissent devant l'administration européenne; mais cela est facile à expliquer. Il est évident que l'on peut pratiquer des cruautés, telles que les insectes qui piquent, les plongeons dans les puits, la privation de nourriture, celle du sommeil et autres semblables qui ne laissent aucune marque sur les personnes; et dans la grande majorité des cas, les marques s'effacent en peu de jours. La procédure criminelle est si lente, que ces marques mêmes des tortures les plus cruelles peuvent être cicatrisées ou même n'être plus apparentes au moment du procès devant le tribunal ou la cour subalterne.

» Pendant le cours de l'enquête, une chose nous a impressionné même plus douloureusement que la conviction que la torture existe, c'est la difficulté d'obtenir la réhabilitation, d'après des preuves, des personnes qui avaient été punies. En constatant ce fait malheureux, nous sommes très loin de chercher à songer à une imputation qui ne serait pas fondée, soit contre le gouvernement, soit contre les officiers européens. Nous pensons que l'administration doit accorder la plus entière croyance à ceux qui désavouent ces cruautés de toute nature et les infâmes pratiques usitées pour obtenir l'impôt, aussi bien que pour aider à fonctionner le département de la police.

» Nous n'avons rien vu qui pût nous faire croire que le peuple est bien convaincu que ces mauvais traitemens sont appuyés ou tolérés par les employés européens du gouvernement ; au contraire (1) tout ce qu'il semble désirer, c'est que les Européens, dans leurs districts respectifs, recueillent eux-mêmes des renseignemens sur les plaintes portées devant eux. » (P. 35.)

Maintenant il ne semble certainement pas que ce serait aller trop loin que d'arguer que les agens de la police, accoutumés à des faux témoignages en matière criminelle, employant des instrumens de torture, ne répugneraient pas à avoir recours eux-mêmes ou à de semblables moyens d'extorsion pour ce qui est dû concernant l'impôt; comme on avait l'habitude de le mettre depuis longtemps en pratique dans ce département de l'État administré sous les lois natives (P. 40) (2).

Pour donner une preuve que les tortures existent

---

(1) Cependant l'administration de la Compagnie laisse faire les natifs qui sont ses agens, et les supplices des Indiens se passent sous les yeux d'un Anglais, comme l'auteur impartial l'a fort bien représenté dans la gravure de son livre, que nous avons nous-même reproduite.
(*Note du traducteur.*)

(2) Nous renvoyons à la note ci-dessus pour rappeler que rien ne se fait dans les possessions anglaises sans l'ordre du maître, qui a emprunté ces supplices aux *désuétudes* des gouvernemens annexés. (*Note du traducteur.*)

depuis longtemps, nous donnons cette note dans le paragraphe suivant :

« Murshid-Allykhan, qui devint nabab du Bengale en 1818, s'était fait remarquer, entre autres atrocités, par la sévérité avec laquelle il extorquait le revenu des zemindars (fermiers, mot persan). On nous a dit qu'il avait l'habitude d'obliger les délinquans (*defaulters*) à porter de longs caleçons de cuir remplis de petits chats en vie, et à boire du lait de buffle mêlé de sel, jusqu'à ce que la diarrhée les conduisît à la porte du tombeau. Le *chora* (fouet) était aussi constamment en usage. D'après Steward ou ses agens, Nazir-Ahmed avait l'habitude de livrer les zemindars captifs à des tourmens, par différens supplices, d'une cruauté raffinée : tel que de les pendre par les pieds, de les exposer au soleil pendant l'été, de les mettre nus et de les asperger peu à peu et fréquemment avec de l'eau froide en hiver. Un autre de ses agens, Syeid Reza Khan, ordonna qu'une mare fût creusée et remplie de toute espèce de choses dégoûtantes, à laquelle, par mépris des Hindous, on donne le nom de Bickoont (paradis), et c'était dans cette mare infecte que ces malheureux étaient tirés par une corde attachée sous les bras. L'habitude d'attacher, pendant le dix-septième siècle, ces victimes du fisc à des palmiers, après leur avoir enduit le corps de miel pour attirer les fourmis rouges, était très usitée. » — Rapport du docteur Chever sur la jurisprudence médicale dans la présidence du Bengale. (P. 366.)

Le caractère de la police des Indiens a été décrit par plus d'un écrivain dans des rapports fournis au gouvernement. Nous en choisirons deux extraits. M. Makensie a écrit ce qui suit : « Je n'hésite pas à constater que la police des *Mofussil* (campagne, mot arabe), ainsi appelée, est une déception, et rien de plus. C'est une terreur pour bien disposer un peuple paisible à n'être ni voleur, ni vagabond, et si cette police était abolie entièrement, il y aurait une grande économie pour le gouvernement, et la sécurité ne serait pas, à tous égards, moins grande qu'elle ne l'est maintenant. »

M. Saalfelt dit: « L'établissement de la police et du fisc est devenu le poison et la peste de la société, la terreur de la communauté, et l'origine de la moitié de la misère et du mécontentement qui existent parmi les sujets du gouvernement. Le règne de la corruption et de la séduction domine donc toute cette administration ; la violence, la torture et la cruauté sont leurs principaux instrumens pour découvrir les fautes, compromettre l'innocence ou extorquer l'argent. On commet des vols jour et nuit, et il n'est pas rare, qu'avec leur concours,

certains caractères suspects soient enlevés et conduits
dans quelque endroit écarté, hors de la vue des témoins, où l'on exerce sur eux toute espèce de tortures.
S'ils sont coupables, ils confessent invariablement et
la propriété volée est découverte; mais un cadeau at-
trayant les libère de toute surveillance. Persistent-ils
à soutenir leur innocence, on leur promet un soulage-
ment à leurs souffrances s'ils veulent incriminer quelques riches, et c'est pendant l'agonie des tortures
qu'on les désigne comme les recéleurs des biens volés.
À son tour, le délateur est contraint de partager l'argent qu'il a si durement gagné, pour prévenir un
danger imminent. Celui même qui a été volé n'échappe
pas à l'étreinte des griffes du péon (agent de police;
mot sanscrit) , et du duffadar inhumain (ce grade
est équivalent à celui de lieutenant) ; il est menacé
d'être arraché de son domicile, traîné à la maison de
ville (cutcherry, mot hindou) et détenu des jours, des
semaines au détriment actuel de son commerce ou de
son existence, à moins qu'il ne désigne des voleurs sup-
posés. La crainte ou l'aversion de la maison appelée cutcherry est si grande, que le propriétaire niera bientôt
l'article qu'on lui a volé et désavouera toute connaissance de ce qui est à lui, quoique son nom y soit écrit
en grands caractères. Tant que les choses sont dans
cet état et que le peuple entretient une si vive horreur
de la police, il n'est pas possible d'espérer qu'une
seule victime de la terreur vienne dénoncer ses bourreaux ou porter une accusation contre eux, quand sur-
tout le crime a été commis dans quelque fort ruiné ou
dans un ravin profond, à quelques milles de la ville ou
des villages. »

Une semblable police a besoin d'être complétement
remplacée ou réorganisée. (P. 42.)

Ces pratiques horribles, employées pendant beaucoup d'années, constamment *censurées* par les juges
de la cour de *Fondjaree Udawlut*, lorsqu'elles étaient
prouvées, étaient sévèrement punies. Parmi un grand
nombre de cas, celui de Hussen-Khan police Ameen
(gardien; mot arabe) de Attoor, est un exemple mentionné à la page 63. Il fut convaincu, le 11 décembre
1820, d'avoir battu et attaché par les mains et par
les pieds le prisonnier Mootan, et de l'avoir, dans cet
état, cruellement maltraité, en l'accusant d'être cou-
pable d'un vol. Mootan mourut de ce mauvais traitement, et ledit Hussen-Khan fut condamné à la peine de
mort et exécuté (1).

---

(1) Il est fâcheux qu'on n'en ait pas puni et cité d'autres.　　　　　　　　　　　　　　*(Note du traducteur.)*

Cependant, malgré ce sévère exemple, on continua le même système de tortures jusqu'en 1855, date du rapport de la commission.

Le révérend E. Webb écrit au commissaire (p. 96) :

« Le témoignage que j'ai reçu des membres de mon église, auxquels je dois ajouter foi, est que ces barbares exécutions sont employées, sans scrupule, dans le but de faire la police et de faire rentrer l'impôt. Quand on les questionne sur le mode qu'on met en usage pour leur appliquer des tourmens, ils vous citent la compression des doigts par un instrument appelé kitti; ils disent qu'on leur bat les jointures des bras et des jambes avec un maillet de bois doux; que le corps est tenu dans l'immobilité pendant longtemps, à l'aide d'un poids lourd suspendu au cou; que le corps est suspendu par les pieds à une branche d'arbre ou attaché au-dessus d'un feu allumé pour les étouffer par la fumée; qu'on arrache les chairs avec des tenailles en fer, qu'on arrache la barbe. Tels sont les tortures qui sont employées, et je crains de le dire, sur une grande échelle dans ce district. »

Nous citerons maintenant quelques-unes des preuves recueillies par les commissaires, et qui se rapportent à une époque plus récente.

On trouve dans l'*Appendix* C, p. 127, et dans la lettre suivante de W. D. Kohlhof à M. H. G. Montgomery Bart, premier secrétaire du gouvernement au fort Saint-Georges :

Tanjore, 26 septembre 1854.

Monsieur,

J'ai l'honneur de porter à votre connaissance la réception de votre lettre du 9 courant, incluse la minute de la consultation de cette date, et l'extrait des discours prononcés à la Chambre des communes au sujet des tortures ; et en réponse de cela, j'ai l'honneur de vous communiquer, afin de renseigner le gouverneur en conseil (1) que, d'après les relations de commerce que j'ai eues avec les natifs de ce district pendant vingt-six ans, je suis porté à croire que l'habitude des tortures est encore appliquée et par les subordonnés des finances et par les magistrats des départemens pour le recouvrement de l'impôt sur les indigènes ou pour éclaircir les dépositions en cas d'enquête.

Les tortures mises en usage sont de différentes espèces et dépendent du bon plaisir du Tahsildar ou de ses subordonnés; mais je ne puis dire si la justice est faite par des

____

(1) Ce qui ne veut point dire, dans l'Inde : «... le gouverneur et son conseil... »   (*Note du traducteur.*)

autorités supérieures, car toutes les plaintes sont généralement portées devant le Tahsildar pour ce qui concerne
l'instruction des procès. Ainsi la flagellation avec le rotin
ou les laisses à chien, qui est commune, et la vis de pres-
sion, qui est assez connue. Les autres espèces de tortures qui sont généralement pratiquées, sont les suivantes :

1° On place des pierres pointues et tranchantes dans
les creux formés par les plis des genoux, et l'on oblige le
patient à s'asseoir sur les hanches pendant des heures
entières.

2° On fait tenir à des hommes des fusils tournés en
bas de manière que le bout du canon pèse sur le gros orteil, et on les laisse des heures entières dans cette position et pendant la plus grande chaleur du milieu du jour.

3° On fait asseoir un homme pendant la plus grande
chaleur du jour, les cheveux épars, et on lui fait subir
une curieuse opération en lui tournant la tête par un mou-
vement rapide connu dans les tribunaux des Tahsildars,
comme pour « en tirer le diable » (*extracting the devil*),
et on l'y oblige par la flagellation s'il ne se meut pas assez
vite pour expulser le malin esprit de sa tête (1).

4° On fait aussi porter, pendant quelques heures, un homme par un autre en plein soleil, dans la position d'un cavalier à cheval, et ensuite celui qui fait le cheval devient
le cavalier, pendant le même espace de temps.

5° La jambe d'un homme est tirée avec force et attachée à une arbre aussi haut que possible, pendant la chaleur du soleil, tandis que son corps est maintenu à un autre ; par ce moyen il lui est *permis* de se tenir sur l'autre jambe seule, et il doit rester dans cette position jusqu'à
ce que le Tahsildar soit ému de compassion et le renvoie
libre.

---

(1) On ne doit pas ignorer que l'élément écossais sur-
tout qui prédomine dans la Compagnie des Indes et de
Chine, considère la race humaine en dehors de ce qui
habite une partie de l'Angleterre, l'Irlande exceptée (se
comparant aux chevaux pur sang), comme *une chose* infé-
rieure ; quant à l'Indien, c'est pour eux une machine dia-
bolique. Exemple : Les dernières nouvelles de l'Inde portaient qu'après le massacre d'un régiment de cipayes les
soldats anglais s'écrièrent, en voyant des Indiens désarmés
et restés neutres : « Camarades ! ne laissons pas vivre ces
diables noirs ! » et qu'ils les massacrèrent.

Les Anglais nouvellement débarqués ont juré de mettre
à mort ceux qui parleraient de clémence. Ce *væ victis*
sera-t-il entendu à temps par les engagés qu'on fait dans et
sur nos frontières, ces pépinières de généraux, dont les
phalanges anglaises ont présenté si peu de graine en Cri-
mée ? Européens égarés, croyez à mon expérience ; comme
toujours, vous serez indulgens après le combat et par con-
séquent massacrés par l'arrière-garde ! Conservez vos lau-
riers et vos bras pour le pays et ne les vendez pas.

(Note du traducteur.)

Il y a d'autres petits modes de tortures, tels que la ré-
clusion, la faim, etc.

J'ai l'honneur, etc.

Signé : W. D. KOHLHOFF.

A l'appui de ces faits nous ferons remarquer quelques cas en dehors de ceux, si nombreux, rapportés
par les commissaires. Ils se trouvent page 149.

Exposé de Subapaty Pillay, l'un des habitans du village
d'Yadoorgum dans le Talook (manoir) de Callacoor-
chee, du Zilla (village de Cuddalore) amené devant
MM. E. F. Elliot, W. Stokes et J. B. Norton, commissaires chargés des « recherches sur des cas de tortures
dénoncés » ce 11 novembre 1854 :

« Il y a dix mois, à l'embouchure de Cartheegae, dans
Iyordoorgum, un moreman et un tisserand allaient à
Recheewandium ; à huit heures du soir des voleurs les
attaquèrent et les pillèrent ; c'est dans cet état qu'ils
revinrent à Doorgun. Ils dirent au tanadar (officier de
station ; sanscrit ou persan) et au moonsiff (juge ; mot
arabe), qui leur demanda s'ils reconnaîtraient les voleurs ; ils répondirent affirmativement ; ils voulurent sa-
voir qui ils étaient ; il leur dit les trois noms suivans :
Rungasawmy, Ramon et Peruanul. Le tanadar amena
ces trois personnes et les garda au chef-lieu du district
(tanah, mot hindou), et ensuite il les envoya au Talook-
cutcherry, et ils appelèrent mon frère, Anniah Pillay,
pour écrire un rapport (*cadjan report*), en sa qualité
de canacopillay de village. Il écrivit et revint à la maison.

» Quatre ou cinq jours avant cela, mon frère Anniah
apporta de chez un marchand un coupon de toile unie
achetée cinq annas (un anna, mot hindou désigne une
monnaie d'argent valant la seizième partie d'une roupie
ou 0,15). Dix jours après la prise des trois personnes
par le tanadar, le moreman qui avait été volé me
vit dans la rue habillé de l'étoffe que mon frère
avait acheté, il dit qu'elle était à lui et lui avait été
prise par des voleurs ; il alla dire cela au moonsif. Le
tanadar et lui envoyèrent chercher à la chauvady ; ils
fouillèrent ma maison : on n'y trouva rien. Ils sortirent
et demandèrent où était mon frère ; je répondis qu'il
était à la Seroopauteom Curmanthrum ; ils détachèrent
un taliar avec le moreman pour l'amener.

» A son arrivée à Doorgum, au lieu de le prendre à la
chauvady, ils le prirent au bungalow (mot hindou qui
signifie maison couverte en chaume où s'arrêtent les
voyageurs hors du village), et c'est là que je fus pris
aussi. Ils demandèrent d'où il tenait cette étoffe ; il

répondit qu'il l'avait achetée à la boutique de Sooboo Chetty ; ils lui dirent que s'il pouvait affirmer que lui et Sooboo Chet y avaient volé cette étoffe on les laisserait partir ; ils lui lièrent les jambes, puis ils le pendirent la tête en bas, ils introduisirent du piment pilé dans ses narines et mirent un fil d'archal autour de son *pénis* ; enfin ils passèrent un fort ruban de fil autour de sa taille et le serrèrent (1).

» La foule était assemblée ; c'était dans la journée, les fenêtres étaient ouvertes, tout le monde pouvait voir ; il appela deux ou trois personnes près de lui pour servir au témoignage ; il fut alors emmené à la *Chanvady*. A la nuit, il fut encore battu dans la tana Chanvady (prison du chef de district,—mot hindou). J'étais présent ; il n'avoua rien ; ils l'envoyèrent alors au comité qui rendit l'étoffe et il alla au China Salem.

» Le moonsiff (2ᵉ classe de juges indigènes), un tahiar (subalterne de justice), ainsi qu'un cadjanchit (*cadjan* ou *gentleman*) vinrent pour le prendre, et au moment où on allait se saisir de lui il s'échappa. Mon frère fut retenu six ou sept jours dans le village ; ils l'envoyèrent à la cutcherry du tahsildar et je fus pris aussi.

» C'est dans la cutcherry du tahsildar qu'ils lui dirent d'avouer qu'il avait volé cette étoffe. Ils écrivirent un procès-verbal qu'ils supposèrent être son interrogatoire et qu'ils signèrent eux-mêmes avec quatre faux témoins qu'ils avaient gagnés.

» Le tahsildar envoya le procès à la cour criminelle, où mon frère fut condamné à sept ans d'emprisonnement. Les personnes qui maltraitèrent mon frère dans le bungalow (le mot signifie aussi maison d'habitation pour les officiers publics), sont :

» Tandar, gopaula naick (mot du sanscrit qui désigne l'équivalent de caporal), le moonsiff Iyacunnoo Pillay, et l'agent Syed Ally. Je fus aussi compris dans cette

---

(1) On remarquera que ces affreux supplices et ceux qui vont suivre étaient infligés préventivement et celui-ci pour une mince valeur de 0,75 centimes. On pourrait juger, par ce seul acte de barbarie, l'honorable et victorieuse compagnie, (*Company* Saheb-Bahador) comme elle se fait appeler par ces esclaves de l'Inde. Elle est aujourd'hui l'une des causes principales de la ruine du crédit politique et commercial de l'Angleterre, que les Écossais n'ont jamais sincèrement aimée. Mais, en retour, la partie saine de celle-ci demande l'extinction d'un privilège odieux et la fermeture de *Lheadenhall street*.

(*Note du traducteur.*)

épreuve judiciaire et interrogé devant le tribunal en
session à Cuddalore qui m'acquitta.

» *Signe :* SUBAPATHAY PILLAY. »

Lu et expliqué devant moi par interprète, le 11 novembre 1854.

Signé : H. STOKES,
*Commissaire pour les recherches des
cas de tortures allégués.*

« Une veuve nommée Balambat, faussement accusée
de vol, après son serment prêté, témoigna devant J.-
B. Norton, esq., l'un des commissaires (P. 161, 162),
date de janvier 1855. Ce témoignage rapporte ce qui
suit : « Je fus emmenée à la covil vers 7 heures 1/2 ;
le tamberau y vint, ainsi que Veerasawmy Naick, Veerapillay, Davaroy Pillay, Comara Pillay, tous serviteurs
de la pagode. Veerapa Naick dit à ma mère, qui était
avec moi, de se retirer, et elle partit. Alors Veerapa
Naick et Veerasawmy Naick m'emmenèrent dans une
partie du covil, où était le tamberan.

» L'agent m'ordonna de dire ce que je savais ; je répondis que j'étais innocente et ne savais rien. Le tamberan alors s'écria : « Renfermez-la ! » Je fus mise dans une
grande chambre du covil par Veerapillay, qui m'y
traîna par les cheveux. Cet homme me demanda encore : « Voulez-vous dire quelque chose, ou non ? » Je
répondis : « Que voulez-vous que je dise ? » Il répli-
qua : « Vous semblez être une grande coquine. » Et il
abusa de moi de la manière la plus indécente. Je le priai
de ne pas me traiter si indécemment. Il me frappa sur
la tête, et je tombai par terre. Quand je me relevai,
Veerapillay m'attacha les bras derrière le dos avec une
corde placée au-dessous des coudes. Une corde suspen-
due à une poutre fut alors passée dessous celle qui at-
tachait mes bras, et je fus pendue à environ un pied de
la terre par cet homme et Veerapa Naik. Je criais !

» Davoroyen m'en empêcha en bourrant ma bouche de
linge. Veerapa-Naik et Veerapillay m'appliquèrent deux
écrous, un à chaque sein, et je me trouvai mal. » Le
lecteur se souviendra que c'était le même genre d'instrument déjà décrit avec lequel les doigts des autres victimes avaient été comprimés. « Quand je revins à moi,
je me trouvai couchée par terre près la porte du covil.
Le tamberan avait été présent pendant tout le temps
que je fus torturée. Quand je repris mes sens, je ne le
vis plus. Je trouvai alors seulement Veerapillay et Vee-

rapa-Naik près de moi, ainsi que ma mère qui pleurait avec d'autres personnes venues dans le covil. Ma mère les pria de servir de témoins, puis elle m'emmena à la maison. »

Cette pauvre femme martyre en appela, pour sa réhabilitation , *aux autorités les plus haut placées*, mais elle n'obtint rien. Les coupables furent acquittés de la plainte au mois d'octobre suivant. Dès que le rapport des commissaires fut publié, elle vint à Madras et demanda une enquête.

Le rapport de Nullandry-Naik affirma solennellement, devant H. Stokes, esq., un des commissaires, le 5 février 1855 (p. 172) :

« Six mois après, Jaganauthen, le tahsildar du Teerookalicondrum trouva occasion d'arrêter mon fils, Andyappa-Naik, pendant qu'il était chez sa femme, sous le soupçon de complicité de vol dans la maison d'un certain Chetty, dans le district de Chingleput ou de Jageer, principal district de Carnotic-Central. Ils vinrent alors faire une perquisition dans la maison où ils ne trouvèrent rien. Ils conduisirent alors mon fils, sa femme et moi, pendant la nuit, hors du village ; à minuit, ils attachèrent mon fils en l'air, par les mains, à un tamarinier ; c'est dans cette situation qu'on le fouetta avec des houssines de cet arbre, lui disant d'avouer. Ils le tinrent ainsi pendant une heure *indienne*, et le descendirent. Ils en firent autant à sa femme Yellumah et exigèrent d'elle une déposition qu'elle refusa. Ils la laissèrent alors partir ; elle retourna à la maison où elle mourut huit jours après. Mon fils fut envoyé devant la cour, et d'après les charges de faux témoins, comme je le compris, il fut condamné à sept ans d'emprisonnement.

» Le tahsildar était présent au supplice de mon fils. Je ne connais plus les noms des trois agens qui furent chargés de le battre. Il déclara au juge qu'il avait été torturé, mais on n'en tint pas compte.

» (*Scellé*) NULLANDA-NAIK.

. » *Signé :* H. STOKES, commissaire. »

5 février 1855.

A la suite (F. p. 189), est une humble pétition adressée très respectueusement par Gramny Abookara Saib, à E. F. Elliot, A. Stokes, J. B. Norton, esquires, les trois commissaires.

» SHOWETH. »

« Votre pétitionnaire, réuni à quelques autres fermiers qui ont été pendant longtemps planteurs de bétel

dans le village de Vunnevadoo du Talook, mentionné
ci-dessus et qui ont toujours payé leur impôt propor-
tionnel (la taxe du district) de chaque année à l'époque
prescrite, sans délai, sans hésitation, ayant vécu avec
probité, portant un nom respectable, affirme que
Wagoor Kutteah Mcodely, un des trois maneyagars du
même village, avait l'habitude de recevoir une somme
plus forte que le montant de la taxe contre le puttah
(titre, sous seing-privé, de terre), contre les régle-
mens, endossé par un Anglais (gentleman).

» Il demanda au pétitionnaire de payer quatre roupies de plus : celui-ci lui répondit que, comme on était
dans un temps de famine et que sa demande était injuste, il lui paierait la somme par fraction, après quelques
jours de délai ; sur quoi le maneum Cutty Moodely devint comme un enragé et commença à se venger sur
moi. Il partageait ces encaissemens frauduleux avec
Narana-Row, péon attaché audit village ; Paravauney-
nan Thotee du village, Ajunan, Mundey Mash-Saïb, et
Abdulraheman-Saïb, de Vallagah Pettah tous trois, les
intimes amis dudit maneyagar, et mes ennemis. Ces
hommes et le maneyagar, réunis à midi, le 5 septembre 1854, ledit Vanneyan vint me trouver et me dit que
j'étais appelé par le maneyagar ; il me conduisit dans
un lieu désert audit village de Vunneymadoo et me fit
rester debout, au soleil, me disant qu'il fallait payer
les quatre roupies (5 fr.) avant qu'il me fût permis de
partir, et il fit éclater d'indécentes expressions contre
moi. Je lui dis que je ne pouvais pas payer ici, et je l'in-
vitai à me conduire près du tahsildar, où je lui promis
que je paierais à l'instant, *si celui-ci me disait qu'il fût
juste de le faire.* Sur quoi, le maneyagar augmenta sa
colère contre moi et m'outragea, sans égard de caste et
de religion. Il fut cause qu'on me mit dans l'anundal
avec une corde qui n'avait que deux coudées (cubits)
de longueur, et l'on m'appliqua le kitti (des écrous)
aux mains, tournés avec tant de violence, que les os
des doigts furent dénudés et que le sang jaillit ; on me
pinça les jambes avec tant de force, que leurs tibias
furent dénudés ; ils me fustigèrent, me donnèrent des
coups de pied et me boxèrent. Je fus pendant trois
heures ballotté çà et là, et soumis à différentes sortes
de torture. C'est alors que j'allai porter plainte, par une
pétition, au seetharamier, le chef de la police ; comme
il voulait attendre pour recevoir ma déclaration, je pré-
sentai ma supplique à M. Bourdillon, le receveur du
dit district (zilla) de Chittoor, qui l'endossa et ordonna
audit chef de police d'instruire le cas. Ce chef de police, après avoir renvoyé la sentence judiciaire de ma

plainte aux trois derniers mois, résuma et appela les
parties adverses, et les témoins mentionnés dans ma
plainte, et, en conséquence des intimités qui existaient
entre lui et ledit maneyagar Cutty Moodely il menaça,
et promit des présens à mes témoins pour ne pas révé-
ler ce qu'ils avaient vu. Mais comme ils refusaient d'en
agir ainsi, il entraîna contre moi quelques personnes
(*some gentlemen*), qui retirèrent ma plainte avec mon
propre consentement; autrement, il eût gâté ma cause
et il m'eût ruiné par différens moyens. Malgré cela, il
est encore dans l'intention de me ruiner.

» En conséquence, j'espère en votre charité, mes-
sieurs, et que vous serez assez gracieux pour faire appeler à mes adversaires et les témoins ci-dessus mentionnés et pour vouloir bien examiner, par vous-mê-
mes, les cicatrices de mes blessures guéries, et de décré-
ter une punition convenable contre mes persécuteurs.

(*Scellé.*)   » ABOOKIER-SAÏB. »

(Suit la liste des témoins, que nous ne citerons pas.
Nous avons donné assez de ces détails qui soulèvent le
cœur par les inhumanités les plus révoltantes, pour con-
vaincre tout le monde de l'existence d'un abus effrayant
de l'autorité parmi les receveurs natifs et les officiers de
police de l'Inde) (1).

Pour conclure, nous citerons des observations som-
maires de l'honorable Walter Elliot, esq. (2), extraites
d'une minute datée du 4 juin 1855 (p. 320) :

Le rapport a établi les faits suivans d'une manière
claire et satisfaisante : que les pouvoirs dont les officiers publics sont investis, pour le recouvrement du revenu et la recherche des crimes, ont été la source de
grands abus par l'emploi de moyens non justifiables de
leur exercice, par les vexations, les interventions à des
actes de violence et de cruauté extrême envers les personnes refusant d'obéir ou qui sont suspectes; que ces me-

---

(1) Ici se termine le rapport officiel. Nous citerons la
fin de cette feuille, pour qu'on ne puisse pas dire que nous
avons tronqué le rapport dans ses conclusions. Les lecteurs
comprendront qu'on ne pourrait admettre, après un ta-
bleau si émouvant d'atrocités, prescrites par les employés
de la Compagnie, que l'on vînt, avec la prétention éhontée
et à la face du monde civilisé, faire retomber ces crimes,
qui rappellent les temps les plus barbares de l'Ecosse,
sur de malheureux indigènes. (*Note du traducteur.*)

(2) Le lecteur se rappellera que M. Walter Elliot n'est
pas l'honorable E. F. Elliot, esq., l'un des commisssaires
spéciaux.

sures sont confiées à des officiers natifs du pays qui ont été universellement réprouvés par les serviteurs européens du gouvernement; que cette habitude est d'ancienne date et a graduellement diminué (1).

Cette enquête n'est ni nouvelle ni inattendue.

Les archives publiques du gouvernement attestent l'existence du mal dans les temps passés, l'énergie avec laquelle il y a été dénoncé et les efforts employés pour le corriger. Les réponses faites aux appels du gouvernement, pour des renseignemens, à ses employés et à d'autres personnes, si elles avaient été publiées en même temps que le résultat de la commission, eussent établi les mêmes vérités.

Sur 215 personnes venues à cette enquête, 7 seulement expriment un doute sur l'existence de cette habitude ; 17 ne donnent pas d'opinion positive et établissent simplement qu'elles n'ont eu à leur connaissance aucune preuve qu'on y ait eu recours, tandis que 197, dont 112 sont des officiers publics engagés dans l'administration civile, s'accordent à affirmer qu'elles croient que le mal subsiste plus ou moins.

La principale importance de ce rapport gît, cependant, dans ce fait, qu'il a placé ce résultat, ne s'appuyant jusqu'ici que sur des avis isolés et de circonstance, sous l'aspect d'une imposante autorité devant le gouvernement, et qu'il a ainsi démontré la nécessité de mesures radicales plus énergiques et continues.

Nous espérons que si ces mesures rigoureuses ne sont pas vivement adoptées par le gouvernement et la cour des Directeurs *à la maison des Indes*, pour la suppression des maux déplorables exposés ici, le peuple de ce grand pays chrétien les y forcera.

Le traducteur, Docteur MALLAT DE BASSILAN.

---

(1) Je renvoie à mes notes antérieures et à ce que disent tous les journaux de l'Europe continentale, moins le *Siècle*, la *Presse*, les *Débats* et M. Xavier Raymond, si justement désignés sous le nom d'Anglais, et même à une partie de ceux de l'Europe insulaire. « Aurez-vous donc toujours des yeux pour ne pas voir? *(Note du traducteur.)*